AF567913

SCORPIO

EDITION
Now!

Ruth Knaup

Lebensfreude

Hör nicht auf, das Leben zu feiern!

SCORPIO

Liebe Leserin, lieber Leser,
die Texte dieses Bandes entstammen Kapitel 3 aus dem Buch von Ruth Knaup *NOW! Jetzt sorg ich gut für mich: Entschleunigung, Selbstfürsorge, Lebensfreude* (Scorpio Verlag). Sie wurden von der Autorin erweitert und überarbeitet.

In der EDITION Now! sind bisher erschienen

Achtsamkeit, Heike Mayer
Entschleunigung, Ruth Knaup
Selbstfürsorge, Ruth Knaup
Vertrauen ins Leben, Heike Mayer/Karin Furtmeier
Yoga im Alltag, Karin Furtmeier

Umschlaggestaltung und Umschlagmotiv:
Hauptmann & Kompanie Werbeagentur, Zürich
Bild- und Quellennachweis: S. 127
Layout: Friederike Niemeyer, Hamburg
Herstellung: Danai Afrati & Robert Gigler, München
Druck und Bindung: Print Consult, München
ISBN 978-3-95803-181-4

www.scorpio-verlag.de

INHALT

KOMM RAUS, WIR SPIELEN!

Im Zeitalter der ausufernden Selbst-Optimierung kommt uns das Wesentlichste schnell abhanden: das Glücklichsein.

Stets darum bemüht, unsere »Ressourcen« zu verbessern, strampeln wir uns mit großer Ausdauer ab, um bloß nicht weniger attraktiv, fit, gesund, beliebt, gebildet, flexibel und finanziell abgesichert zu sein als die anderen. Bloß – macht uns das alles wirklich glücklicher? Wie der Soziologe Hartmut Rosa so treffend bemerkt: Die Ressourcen verbessern bloß die *Möglichkeiten* eines gelingenden Lebens – sind aber nicht das gelingende Leben selbst. Wir Deutschen haben im weltweiten Vergleich mit die besten Ressourcen – und sind doch eines der weltweit unzufriedensten Völker. Scheinbar ist uns im verbissenen Streben um einen hohen individuellen Lebensstandard die vielleicht wichtigste Fähigkeit aus dem Blick geraten: die Fähigkeit zur Lebensfreude.

Die Lebensfreude wächst und gedeiht genau dort am besten, wo wir am wenigsten zielorientiert und vernünftig handeln. Dort, wo wir uns nicht mit Perfektionismus und Selbstdisziplin permanent knebeln und den Tag vermiesen. Wo wir auf Zeitmanagement und Ressourcenoptimierung pfeifen – und stattdessen genau das machen, was sich gut anfühlt. Im Hier und Jetzt – und es aus vollem Herzen genießen.

Deshalb geht es in diesem Büchlein um lauter »zweckfreie« Dinge. Um das Feiern und Flirten, um Lust und Genuss, um grundloses Freundlichsein, Lachen und Freundschaft, Kreativität und das unbeschwerte Zusammensein mit Tieren. Nichts davon macht dich finanziell reich. Und alles davon kann dich glücklich machen. Für Sekunden oder Tage, für einzelne Momente oder immer wieder, ein Leben lang.

»Mir ist noch kein Fall untergekommen, in dem jemand auf dem Sterbebett gesagt hat: Ach, hätte ich doch mehr Zeit im Büro verbracht!« (Hospizmitarbeiterin)

Wenn man Sterbende befragt, bereuen sie fast nie, dass sie ihre Pflichten vernachlässigt hätten – sondern dass sie das Glücklichsein vernachlässigt haben. Sie bereuen, dass sie so wenig freie Zeit mit ihren Liebsten verbracht haben, ihre Zeit auf Erden nicht öfter und bewusster *genossen* haben.
Lebensfreude ist nichts, was man sich »verdienen« müsste, indem man alle seine Pflichten optimal erfüllt.

Aber es ist auch nichts, was einem in den Schoß fällt, wenn man bloß passiv dasitzt und beleidigt guckt.
Neulich beschwerte ich mich bei einem Bekannten von mir, dass ich auf einer langweiligen Party gewesen sei. Nörgelig zählte ich auf, was dort alles doof gewesen sei, sodass ich mich gar nicht amüsiert hätte. Da entgegnete der junge Mann mit einem spitzbübischen Lächeln: »Tja, du weißt ja: DU bist die Party!« Nach einem Moment des Schockiertseins musste ich herzlich lachen über diese Replik. Natürlich hat er recht! ICH gestalte doch meinen Abend, meine Begegnungen, mein Leben mit, die ganze Zeit. Wenn ich mich amüsieren will – dann muss ich nicht passiv darauf warten, dass die Welt mich bitte unterhält. Sondern ich kann – und muss – selbst etwas dafür tun.
Lebensfreude und Lebendigkeit in dein Leben einzuladen kann auf viele wunderbare Arten und Weisen geschehen. Vor allem in jeder kreativen Betätigung steckt so viel Ausdrucks-

kraft und Möglichkeit, einen Flow zu erleben. Ganz zu schweigen von der glitzernden Energie, die in einer flirtigen oder sexuellen Begegnung spürbar werden kann.
Und so richtig feiern lässt sich die Lebensfreude am besten mit anderen: Liebsten, Freunden und Freundinnen – oder gleich mit der ganzen Nachbarschaft!

Man muss der Lebensfreude Raum verschaffen, sonst wird sie zugewuchert und erstickt unter den Anforderungen des Alltags. Manchmal muss man beherzt zur Machete greifen und der Lebensfreude wieder eine Schneise freischlagen, damit sie eindringt wie das Sonnenlicht.
Dieses Büchlein soll dir dabei eine Hilfe sein: mit Lust eine Schneise freizuschlagen für deine Lebensfreude!

Frohes Schaffen!

»There is no way to happiness.
Happiness is the way!«

Thich Nhat Hanh

WIR SIND NICHT HIERHERGEKOMMEN
UM EINANDER GEFANGEN ZU NEHMEN,
SONDERN UM UNS NOCH TIEFER
DER FREIHEIT UND DER FREUDE ZU ERGEBEN.

WIR SIND NICHT IN DIESE
WUNDERBARE WELT GEKOMMEN,
UM UNS FERN DER LIEBE
ALS GEISELN ZU HALTEN.
LAUF, MEIN LIEBSTES, LAUF ALLEN DAVON,
DIE SPITZE MESSER IN DEINE
ZARTEN TRÄUME, IN DEIN EDLES,
HEILIGES HERZ STOSSEN WOLLEN.

UNS IST ES AUFGEGEBEN,
UNS MIT DEN STIMMEN
DER INNEREN BERUFUNG ZU BEFREUNDEN,
DIE DA DRAUSSEN VOR DEM HAUS
UNSEREM GEIST ZURUFEN:

»ACH BITTE, BITTE KOMM HERAUS
UND SPIEL MIT UNS!«

DENN WIR SIND NICHT HIERHERGEKOMMEN,
UM EINANDER GEFANGEN ZU NEHMEN
ODER UNSERE WUNDERBAREN SEELEN
EINZUSCHLIESSEN,
SONDERN UM IMMER TIEFER ZU ERLEBEN,
WAS IN UNS GÖTTLICH IST:
MUT, FREIHEIT, LICHT.

Shams-ud-Din Muhammad Hafiz
zugeschrieben,
Persien, um 1320–1389

MEHR FESTE FEIERN

Feste, Partys oder andere besondere Anlässe können den Alltag für einen Moment außer Kraft setzen. Manchmal vergessen wir, wie wichtig es ist, sich Zeit und Gelegenheit dafür zu schaffen.

Als ich angehende Altenpflegerinnen und Altenpfleger im Fach Psychologie unterrichtete, machte ich zum Thema »Selbstfürsorge« ein kleines Experiment mit meiner Klasse. Ich ließ alle Schülerinnen und Schüler ein individuelles Vorhaben zur Selbstfürsorge auf kleine Zettel schreiben, welches sie in der folgenden Woche umsetzen wollten. Das konnte so etwas sein wie ein Waldspaziergang, ein Schwimmbadbesuch, was immer sie sich ausdachten, was ihnen guttun könnte. Dann sammelte ich all diese Zettelchen in einem Hut, schüttelte sie gut durch – und ließ jeden und jede einen *neuen* Zettel ziehen! Denn manchmal können uns Anregungen von außen auf ganz neue Ideen bringen. Deshalb machte ich auch selbst mit – neugierig, was für ein Vorhaben wohl zu mir käme. Dann war ich ziemlich überrascht: Ich zog einen Zettel, auf dem stand: »Party machen mit Freunden!«

Zunächst musste ich schallend lachen. Das war so typisch für das Lebensgefühl meiner im Schnitt 19-jährigen Schülerinnen und Schüler! Später wurde ich nachdenklich: **Wann hatte ich eigentlich das Feiern verlernt?** Warum gestand ich das den jungen Erwachsenen zu – mir jedoch nicht mehr? Ich erinnerte mich an anderthalb Jahrzehnte voller Partys, Tanzveranstaltungen und durchzechter Nächte –

was für ein herrliches Lebensgefühl! In meiner kleinen Studentinnenbude war ich eine leidenschaftliche Gastgeberin von schrägen Verkleidungspartys mit legendärem Ruf gewesen. Dort wurde stets bis in den Morgen hinein getanzt, getrunken und geflirtet.

Mit dem Eintritt ins Berufsleben und der Schwangerschaft war diese Energiequelle plötzlich wie ausgeknipst. Ausgelassene Feste feiern, trinken, herumalbern? Fehlanzeige.

Und so beschloss ich, das Feiern wieder zu lernen. Ich rief eine etwas jüngere Freundin an und fragte sie, ob sie mit mir am Wochenende ausgehen würde. Mit meinem damaligen Mann vereinbarte ich, dass er sich um unseren vierjährigen Sohn kümmern müsse, sodass ich am nächsten Tag würde ausschlafen können. Und siehe da, es klappte.

Als mein Sohn älter wurde und gerne bei einem Schulfreund übernachtete, begann ich auch wieder, selbst Feten zu veranstalten. Und zwar nach dem gleichen Prinzip wie früher:

mit Verkleidungsmotto, als »Bottleparty« und »nur für Erwachsene«. Ich war es leid, dass ich seit Jahren kuschelige nachmittägliche Teepartys mit Kleinkindern feierte. Ich wollte wieder *richtige* Partys. Und, oh Wunder, auch das klappte. Die Leute besorgten sich einen Babysitter, standen um acht aufgestylt und tanzwütig auf meiner Fußmatte, und wir rockten die Wohnung bis ein Uhr morgens – dann machten sich alle leicht beschwipst und hochzufrieden auf den Weg ins Bett. So feiern Erwachsene! Natürlich muss das Feiern gar nicht so wild sein, um Spaß zu machen. In der Familie meines Ex-Mannes kann selbst eine Konfirmation zur ausgelassenen Party werden, bei der man bis in die Nacht hinein Gitarre spielt, zusammen singt und jede Menge Spaß hat, während die Jugendlichen im Nachbarzimmer ungestört »Flaschendrehen« spielen.

FESTE SIND KLEINE MEILENSTEINE IM LEBEN

Feste sind »Kumulationen« von gemeinsam zelebrierter Lebensenergie. Alle Beteiligten erinnern sich noch lange daran, Feste stiften Gemeinschaft und Nähe. Wer schon einmal ein Nachbarschaftsfest gefeiert hat, weiß, wie anders man sich danach begegnet, wie viel persönlicher und herzlicher sich der Kontakt plötzlich anfühlt. Früher beging man Dorffeste und Familienfeste nach einem zuverlässigen Ritus, man freute sich schon lange gemeinsam darauf und gestand sich zu, dabei auch einmal »über die Stränge zu schlagen«.
Heute hat das Feiern im Leben vieler Menschen in unserer Kultur gar keinen festen Platz mehr. Wir tun es als ungeliebtes Pflichtprogramm ab, das wir für die Kinder oder auch älteren Familienmitgliedern zuliebe »inszenieren«. Oder wir verweigern uns komplett. Nur den unter 30-Jährigen gestehen wir noch eine Partykultur zu. Ist das nicht schade?

In dem bezaubernden Film »Wir sind die Neuen« (2014) gründet die 60-jährige Biologin Anne in München (zunächst aus finanzieller Not) eine WG mit zwei ehemaligen Mitstudenten, die ebenfalls geschieden sind. Eines Abends besuchen die drei spontan eine große Disco (bzw. einen *Club*, wie man das heute nennt) – und fallen dort trotz ihres Alters erstaunlich wenig auf. Sie tanzen wild und amüsieren sich prächtig. Glücklich, fast andächtig blickt Anne in die tanzende, wogende, fröhliche Menge, und wir hören sie denken:

»Das ist es!
Man muss tanzen gehen!
Wie konnten wir
das nur vergessen?!«

WIE DU WIEDER AUF DEN GESCHMACK KOMMST

» Überlege: Wann hast DU zum letzten Mal richtig ausgelassen gefeiert?

» Was brauchst du, um dich gut zu amüsieren? (Welche Art von Menschen, Musik, Getränken, Umgebung etc.?)

» Plane eine konkrete »Party«: Frag Freundinnen bzw. Freunde, ob sie mit dir ausgehen, oder veranstalte selbst ein Fest.

» Mach ein Foto von dieser Party, auf dem du selbst zu sehen bist, und häng es in deiner Küche auf.

» Plane schon Monate im Voraus »Ausgeh-Abende«, Tanzveranstaltungen, Partys oder Feste, auf die du gehen möchtest, damit du dich schon lange vorher darauf freuen kannst!

HÖR NICHT AUF ZU FLIRTEN!

Es gibt kaum eine einfachere und unkompliziertere Art, wie zwei Menschen sich gegenseitig gute Laune schenken können, als indem sie miteinander flirten. Flirten ist ungefährlich, kostet nichts und geht überall. Wir drücken dabei mit unserem Verhalten aus: »Ich finde dich toll und vielleicht auch ein kleines bisschen attraktiv!« Sonst nichts. Aber es reicht, um jemand anderem – und sich selbst – ein herrliches Gefühl zu schenken.

Beim Flirten fühlst du für einen Augenblick die sprudelige Freude von jemandem, der ein Geschenk macht – und ein Geschenk bekommt. **Ein klitzekleines Weihnachten! Das Geschenk heißt: Wertschätzung!**

Als Studentin hatte ich eine Zeit lang einen ziemlich eifersüchtigen Partner. Nachdem wir einen Tag zusammen durch Berlin gestreift waren, sagte er am Abend mit einer Mischung aus Bewunderung und Vorwurf: »Meine Güte, du flirtest ja wirklich mit *jedem!*« Mit dem jungen Ticketverkäufer, der hübschen Kellnerin, dem attraktiven Polizisten, dem lesbischen Pärchen am Nachbartisch, ja sogar mit meinem Kollegen kurz am Telefon hätte ich geflirtet. Das habe er *ganz* genau gespürt. Über diese Rückmeldung war ich zunächst verdutzt, dann rechtfertigte ich mich etwas hilflos, das sei eben so mein Kommunikationsstil ...
Natürlich ist die persönliche »Flirt-Fähigkeit« immer auch von der Tagesform abhängig. Wenn

mein Kind seit Tagen krank im Bett liegt, ich Zahnschmerzen habe oder die Klospülung kaputtgeht (zehn Minuten bevor ich zur Arbeit muss), vergeht auch mir kurzfristig die Fähigkeit zur wertschätzenden Kommunikation mit meinen Mitmenschen. Sie kommt aber – Gott sei Dank – auch immer wieder zurück.

Die Kunst am gelungenen Flirt liegt darin, immer gewisse Grenzen einzuhalten.

Man macht niemals direkte sexuelle Avancen, treibt niemanden in die Enge und versucht nicht, jemanden über irgendeine Grenze zu »pushen«.

Bella, 41, erzählt von einem Flirt mit ihrem Chef: »Es ist so harmlos, aber so schön aufregend! An den Tagen, wo wir beide auf der Etage sind, kann ich morgens im Flur schon riechen, ob er da ist! Ich mag sein Rasierwasser sehr. Wenn wir uns dann im Flur begegnen, nehmen wir uns immer die Zeit für ein nettes Pläuschchen. Manchmal verbringen wir auch die Mittagspause zusammen, und er spendiert mir noch einen Kaffee aus der tollen Spezialmaschine in seinem Büro. Dann lachen wir viel und reden über alles Mögliche – aber wir siezen uns weiterhin, und das wird auch so bleiben. Selbst das finde ich irgendwie sexy! Wir sind beide liiert, da wird nichts sonst passieren. Aber diese kleinen flirtigen Begegnungen mit ihm, die sind einfach toll!«

Bellas Beispiel zeigt auch sehr klar, dass Flirten überhaupt nichts mit »Schleimen« oder Manipulation zu tun hat. Sie will ihren Chef zu nichts »bringen« – und er sie auch nicht. Sie finden sich einfach gegenseitig toll, das war's. Manipulativ ist es, ein bestimmtes Verhalten aus »strategischen« Gründen einzusetzen, um jemanden zu etwas zu bewegen, das er eigentlich nicht will. Darum geht es beim Flirten nicht. Es geht nur darum, jemandem mehr oder weniger offen die eigene Wertschätzung und Sympathie zu zeigen. Das kann durch gemeinsames Witzeln, verbalen Schlagabtausch, Lachen, Hin-und-her-Werfen von »Insider«-Bemerkungen, flüchtige kleine Berührungen oder auch nur Lächeln und Blickkontakt geschehen.

FLIRTEN IST EINE UNIVERSELLE MENSCHLICHE GRUNDFÄHIGKEIT

Ich bin noch in keinem Land gewesen, wo nicht geflirtet wurde. Allerdings gelten wir Deutschen nicht gerade als die Großmeister dieser spannungsvollen Art der Kontaktaufnahme: Als eine »Gesellschaft des gesenkten Blicks« bezeichnet uns der Soziologe Hartmut Rosa gar. Selbst Babys und Kleinkinder tun es. Bist du schon einmal von einem Einjährigen angestrahlt worden, der dann flugs den Kopf hinter der Schulter seiner Mama versteckt? Und dich drei Sekunden später wieder schelmisch anlächelt, ja fast verschwörerisch?! Richtig, er flirtet mit dir! Das Flirten mit dem leisen erotischen Unterton kommt dann zu Beginn der Pubertät hinzu. Ich erinnere mich noch genau, wie ich meinen zwölfjährigen Sohn von einer Jugendgruppenreise abholte. Wir standen alle noch herum und aßen ein Eis. Mein Sohn riss Witze und »Insider« mit einer Gruppe von Mädchen, und sie lachten sich schlapp. Plötzlich durchfuhr mich die neue Erkenntnis wie ein Blitz: Er flirtet! Mein Sohn flirtet! Er ist kein Kind mehr!

Das Schöne ist: Flirten schadet niemandem. Deshalb ist es manchmal wichtig, dass ein Flirt wirklich ein Flirt bleibt.
Einst lernte ich auf einem Kongress einen tollen Mann kennen. Wir waren beide verheiratet. Abends tanzten wir miteinander, irgendwann ziemlich eng. Dann kam der Punkt, wo wir innehielten, uns anlächelten und ich sagte: »Ich glaub, wir setzen uns jetzt mal besser hin und trinken ein Glas Wasser!« Über diesen Moment bin ich noch jetzt, nach 14 Jahren, froh. Denn wir wurden richtig gute Freunde, ich habe später auch seine Frau ganz innig in mein Herz

geschlossen. All das wäre unmöglich geworden, hätten wir aus dem Flirt eine (noch so kleine) Affäre werden lassen.

Manchmal kann eine winzige flirtige Alltagsbegegnung unserem Leben einen entscheidenden Aufwind geben. Klara, 35, erzählt: »Ich hatte wenige Monate zuvor mein erstes Kind zur Welt gebracht und fühlte mich immer noch total ausgelaugt und irgendwie ›unsichtbar‹ für Männer. An diesem Tag aber hatte ich mich mal wieder ein bisschen chic gemacht und mein frivoles kleines Kunstpelzjäckchen angezogen. Da strahlte mich einer der Kellner vor dem italienischen Restaurant an und rief mir ›Hey, ciao Bella!‹ hinterher. Ich hätte fast geheult vor Freude! Ehrlich, er hat mir meine Würde als Frau zurückgegeben in diesem Augenblick!«

DER WEG ZUM KREATIVEN FLOW

Schöpferische Energie steckt in jedem Menschen. Verschiedenste Tätigkeiten können in den »Flow« führen, in dieses Fließen, das zutiefst glücklich macht.

Ich erinnere mich genau an den Moment, als ich zum ersten Mal in meinem Leben jemanden im kreativen Flow erlebte. Ich war 15 und besuchte meine beste Freundin Anne, die seit einigen Monaten Unterricht in klassischer Konzertgitarre nahm. Ich klopfte an Annes Zimmertür, keine Reaktion. Vorsichtig trat ich ein. Anne saß auf einem Stuhl, vor sich den Notenständer. Und sie spielte. Leise setzte ich mich auf das Bett. Anne spielte. Gleichzeitig völlig entspannt und ganz konzentriert, hatte sie die Welt um sich herum vergessen. Eine Art »heiliger Ernst« umgab sie. Jede ihrer Bewegungen war flüssig und wie selbstverständlich, jedes Umgreifen auf dem Gitarrenhals, jedes Zupfen der zarten Saiten. Ihr Gesicht war halb hinter dem herabfallenden Haar verborgen. Nach einer ganzen Weile hielt sie inne, seufzte und blickte zum ersten Mal hoch. Erstaunt riss sie die Augen auf und rief: »Huch! Du bist ja schon da!«

Als Teenager lachten wir uns schlapp über diese Situation, später sagte ich einmal zu Anne: Meine Güte, wenn du spielst, könnte eine ganze Kamelherde an dir vorbei durchs Zimmer ziehen, du würdest es nicht einmal bemerken!

Das Flow-Konzept wurde erstmals von Mihaly Csikszentmihalyi Ende der 1980er-Jahre beforscht und beschrieben und fasziniert seitdem die Welt der Psychologie, weil hier offenbar einer der intensivsten Glückszustände, die wir Menschen erleben können, fassbar wird. Menschen in Flow-Situationen atmen tief und gleichmäßig, sie sind zugleich hellwach und völlig entspannt. Sie beschreiben diesen Zustand als eine Art »Einssein mit der Welt« oder ein Abtauchen in eine »andere Welt«. Während eines Flow-Erlebnisses denkt und fühlt man nichts anderes, man ist sozusagen ganz und gar im Augenblick. Es ist eine Art Rauschzustand.

Sophie, 30, beschreibt einen Flow beim Malen: »Der Anfang eines Bildes ist oft schwer und steinig. Aber dann, nach einer Weile, kriege ich plötzlich ein Gefühl dafür, was es werden könnte. Dann erfasst mich ein Rausch, ein Glück, ich kann es gar nicht beschreiben. Dann denke ich nicht mehr nach, konstruiere nicht mehr, plane nicht mehr. Dann ist es, als ob sich ein ›innerer Masterplan‹ wie von selbst entfaltet und ich ihm nur noch folgen muss. Ich male ab da nur noch intuitiv und fühle einfach, was stimmt, und es stimmt dann, alles stimmt.»

Inzwischen lassen sich Flow-Erlebnisse auch neurophysiologisch abbilden. Besonders intensiv beforscht hat man das bei Menschen, die musizieren – egal ob Profis oder Laien. So wissen wir heute, dass sich deren Gehirnhälften optimal vernetzen und sich ein spezifisches hirnphysiologisches Aktivierungsmuster ergibt. Bei Menschen, die gemeinsam Flow-Situationen erleben, synchronisieren sich die Gehirnströme. Sie »schwingen« sich also tatsächlich bis in die kleinste Zelle aufeinander ein.
Chorsänger/-innen, Schauspiel-Ensembles und Bandmusiker/-innen beschreiben das gelegentlich als Gefühl geradezu »kosmischer« Verbundenheit, und auch Gruppen von Bergsteiger/-innen, Sportlern oder Arbeitsteams, die gemeinsam auf kreative Weise eine Herausforderung meistern, erleben diese Art des kollektiven Flows.

Melissa, 32, tanzt in ihrer Freizeit in einem Ensemble: »Wenn wir eine Choreografie zusammen proben, kommt irgendwann dieser Punkt, wo wir plötzlich ›eins‹ werden. Dann fühlt es sich an, als seien wir ein Körper. Wir atmen zusammen, jede Bewegung fließt ineinander. Ich kann dann jede einzelne Tänzerin spüren, auch ohne sie zu sehen, selbst wenn sie hinter mir steht.«

Karsten, 39, arbeitet im Vorbereitungsteam einer großen jährlichen Fachtagung: »Einmal war es total schwer, ein neues Thema zu finden. Wir hatten das Gefühl, alles ›war schon da‹. Statt weiter verkrampft nachzudenken, fingen wir irgendwann an, uns gegenseitig von den wissenschaftlichen Entdeckungen zu erzählen, die uns persönlich im letzten Jahr fasziniert hatten. Eine Kollegin sprach sehr begeistert von einem Vortrag, andere hakten nach, und plötzlich war es da: dieser Pfad der gemeinsamen Faszination, dieses ›Angestecktwerden‹ von einer Idee. Ab da waren wir alle wie ›angeknipst‹, formulierten Fragestellungen, verwarfen sie wieder, suchten fieberhaft Beispiele, noch genauere Beschreibungen usw. Nach nur einer weiteren Stunde stand das komplette Konzept!«

Karstens Beispiel zeigt, dass manchmal ein »Loslassen« notwendig ist, um den Flow zu ermöglichen. Er kommt nicht auf Kommando, niemals!

Was den Flow vom Zustand der Entspannung oder Meditation unterscheidet, ist, dass wir dabei aktiv etwas tun und in dieser Tätigkeit ganz und gar »versinken«, weil sie unsere komplette Aufmerksamkeit erfordert. Der Flow scheint nur dann einzutreten, wenn wir auf dem Scheitelpunkt unserer Fähigkeiten surfen, also alles, was wir können, einsetzen müssen, um die Aufgabe zu bewältigen. Sobald wir uns überfordert fühlen, weil unsere Fähigkeiten (scheinbar) nicht ausreichen, sind wir unzufrieden – und alles fühlt sich nach »harter Arbeit« an. In einem längeren kreativen Prozess wechseln sich oft beide Phasen ab, vielleicht bedingen sie sich auch gegenseitig. Viele Menschen berichten, dass es sowohl »Harte Arbeit«-Phasen als auch »Flow«-Phasen braucht, um am Schluss ein zufriedenstellendes Ergebnis zu erreichen. Wir können also nicht von uns erwarten, immer nur im Flow zu »schweben«, sondern müssen auch die anderen Zeiten in Kauf nehmen.

DEIN WEG IN DEN FLOW

Es wurde in den letzten Jahren viel geforscht mit dem Ziel, herauszufinden, was Menschen brauchen, um ein Flow-Gefühl zu erleben. Wichtig scheinen folgende Punkte zu sein:

» Die Sache macht dir Spaß.

» Die Tätigkeit liegt dir am Herzen, sie hat für dich persönlich eine Bedeutsamkeit, sie ist dir wichtig.

- Es gibt keinen »vorgegebenen« Lösungsweg, sondern du/ihr müsst einen neuen, eigenen Weg finden.

- Du kannst vertrauen, dass du die Situation oder Aufgabe bewältigen kannst.

- Du bist dir darüber im Klaren, dass du es nur dann richtig gut schaffen kannst, wenn du alle deine Fähigkeiten dabei »in die Waagschale wirfst«, alles gibst, alles versuchst.

- Du kannst dir selbst die innere Erlaubnis geben, in dem Moment an nichts anderes zu denken.

HOW TO BE AN ARTIST

Lass dich fallen.
Lerne Schlangen zu beobachten.
Pflanze unmögliche Gärten.
Lade jemand Gefährlichen zum Tee ein.
Mach kleine Zeichen, die »Ja« sagen,
und verteile sie überall in deinem Haus.
Werde ein Freund von Freiheit
und Unsicherheit.
Freue dich auf Träume.
Weine bei Kinofilmen.
Schaukle, so hoch du kannst
mit einer Schaukel bei Mondlicht.
Pflege verschiedene Stimmungen.
Weigere dich, »verantwortlich zu sein« –
tu es aus Liebe!
Mache eine Menge Nickerchen.
Gib Geld weiter.
Mach es jetzt.
Das Geld wird folgen.
Glaube an Zauberei.
Lache eine Menge.

Bade im Mondschein.
Träume wilde, fantasievolle Träume.
Zeichne auf die Wände.
Lies jeden Tag.
Stell dir vor, du wärst verzaubert.
Kichere mit Kindern.
Hör alten Leuten zu.
Öffne dich.
Tauche ein.
Sei frei.
Preise dich selbst. Lass die Angst fallen.
Spiele mit allem.
Unterhalte das Kind in dir.
Du bist unschuldig.
Baue eine Burg aus Decken.
Werde nass.
Umarme Bäume.
Schreibe Liebesbriefe.
… und tanze, so viel du kannst.

SARK

SARK ist die Autorin und Künstlerin Susan Ariel Rainbow Kennedy. Ihr Text »How to be an artist« wird häufig fälschlicherweise Joseph Beuys zugeschrieben.

··· ÜBUNG ···

INSPIRATION FINDEN

Lade kreative Energie in dein Leben ein

Ob in Freizeit oder Beruf, Sport oder Ehrenamt, das spielt gar keine Rolle: Jeder Mensch kann Flow-Erlebnisse in sein Leben einladen. Auch du!

Um sich besser für kreative Flow-Situationen aller Art öffnen zu können, hat die folgende Übung schon vielen Menschen geholfen. Sie ist angelehnt an den »Künstlertreff« der Künstlerin und Autorin Julia Cameron.

- Reserviere dir (am besten regelmäßig) einen Zeitraum von ca. zwei Stunden nur für dich und deine Inspiration.

- Suche in dieser Zeit einen Ort auf, an dem niemand etwas von dir will. Weder deine Familie noch deine Freunde, noch deine Arbeit.

- Unternimm in dieser Zeit etwas Spielerisches, auf das du neugierig bist. Du kannst dir eine alte Kirche oder eine geheimnisvolle Burgruine anschauen, einen verwunschenen Park, einen Friedhof. Oder eine Bildergalerie, eine seltsame Theaterperformance, ein Konzert in einer Musikrichtung, die du noch nie gehört hast. Du kannst ein Stadtviertel besuchen, wo du noch nie warst. Hauptsache, es ist etwas Überraschendes dabei, etwas »Fremdes«, auf das du dich einlassen magst.

- Nimm das Erlebnis mit allen Sinnen auf: Was riechst du, was fühlt deine Haut? Was hörst du, was siehst du?

- Versuche, die Eindrücke, die du dabei bekommst, möglichst wertfrei auf dich wirken zu lassen, ohne sie gleich in »gut« oder »schlecht« aufzuteilen.

- Je nachdem, was zu dir passt, kannst du einen Skizzenblock, einen Fotoapparat, ein Notizbuch o.Ä. mitnehmen.

- Diese Übung stärkt unsere Empfänglichkeit für künstlerische Impulse. Wir öffnen uns dabei sozusagen einer kreativen »Resonanz«, ohne gleich alles »verwerten« zu müssen.

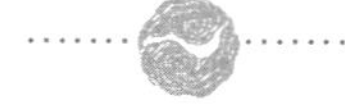

DIE KUNST DES GENIESSENS

Vor Jahren bekam ich zum Geburtstag ein Set Kuchenteller geschenkt, auf denen stand: »Das Glück liegt im Genuss!«

Inzwischen sind nur noch drei der sechs Teller heil, denn ich benutze sie häufig: vor allem dann, wenn ich besonders guten Kuchen essen möchte. Dann schaue ich nämlich immer auf die Schrift neben meinem Tortenstück und erinnere mich daran, dass es jetzt ausschließlich um Genuss geht.

Wenn ich mir dieses sinnliche Erlebnis jedoch selbst verderbe, indem ich im Kopf Kalorien zähle und mir vor lauter schlechtem Gewissen den Magen verknote, ist der fantastische Kuchen völlig verschwendet. Ich »vernichte« ihn dann nur – von Genuss und Lebensfreude keine Spur!

Eine eindrückliche Lektion zum Thema Genuss erteilte mir Julyen Hamilton, mein hoch verehrter Lehrer in Tanz-Improvisation. Während einer Meisterklasse mühten wir uns redlich mit einer ziemlich komplizierten Bewegungsaufgabe ab. Plötzlich stellte unser Lehrer die Musik ab. Er fragte uns: »Sagt mal, genießt ihr das eigentlich, was ihr da tut?« Wir hielten inne. Betretenes Kopfschütteln. »Gott verdammt!«, herrschte er uns an. »Ihr ***tanzt!*** Wenn ihr euer Tanzen nicht genießt, ist es pure Zeitverschwendung! Nehmt doch die verdammten Aufgaben nicht so wichtig! Ihr wollt ***tanzen,*** deshalb seid ihr hier!« Und er stellte die Musik wieder an. Nachdem

wir einen Moment wie betäubt dagestanden hatten, machte sich leises Gelächter breit. Dann begannen wir zu tanzen. Diesmal wirklich. Zu meiner größten Überraschung stellte ich fest: Wenn ich meinen Genuss beim Tanzen wichtiger nahm als die »zu erfüllende« Aufgabe, gelang es mir ganz von selbst besser, mich der Aufgabenstellung anzunähern.
Die »Fehler« wurden jetzt zu interessanten Abweichungen. Was zählte, war jedoch, ob mich mein Tanz selbst erfüllte und interessierte, ob er mich wach machte und ich mich ihm hingeben konnte.
Genau das lehrte uns dieser fantastische Lehrer: Es ist MEIN Job, das gut zu finden, was ich tue. Wenn ich mich immer nur abrackere an den (vorgestellten) Erwartungen der Lehrenden und des Publikums, laufe ich als Künstlerin ins Leere. Dann verliere ich jeden Bezug zu dem, was *ich* dem Publikum eigentlich zu sagen bzw. zu geben habe. Maßgabe dessen, ob das, was ich tue, und

wie ich es tue, »richtig« ist, muss sein, ob es sich *für mich* richtig anfühlt, anders gesagt: Ob ich es genießen kann.

Nur zu oft wollen wir für unser genussarmes und gehetztes Leben lieber nicht selbst die Verantwortung übernehmen. Stattdessen sind die überhöhten Erwartungen des Lehrers, der Chefin, des Partners, der Schwiegermutter, der Kinder, der Nachbarn und des Finanzamtes angeblich schuld daran, dass wir »keine Zeit« für Genuss haben. Mit dieser Lebensphilosophie werden manche Menschen alt. Noch als Rentner beklagen sie sich über die vielen Termine, die sie nicht zur Ruhe kommen lassen, oder über die Hitze und die Wespen auf der Terrasse, die sie vom Genuss ihres Kuchens abhalten. Irgendwas ist immer.
Und weil ja tatsächlich immer irgendetwas ist, bleibt nur eines: trotzdem genießen! In der Wespen-Hochsaison schmeckt der Kuchen auch im Wohnzimmer hervorragend. Und wenn

mir das Museum schon nach einer Stunde langweilig wird, während alle anderen drei Stunden bleiben wollen, genieße ich zwei Stunden bei einer Tasse Kaffee in der Sonne. Bin ich halt wieder der Bildungsmuffel.
Was soll's?! Immer noch besser, als die Erwartungen anderer zu erfüllen – und gar nichts zu genießen.

Mein Klient Peter berichtete in einer Therapiestunde ganz bedrückt, er habe am Wochenende so schöne Ausflüge mit seiner Familie gemacht, diese aber überhaupt nicht genießen können. Stattdessen habe er die ganze Zeit an seine Arbeit gedacht.
Peter suchte den Fehler in seiner mangelnden Genussfähigkeit und fragte sich, wie er es schaffen könne, weniger an seine Arbeit zu denken. Aber bei näherem Hinsehen lag das Problem tiefer. Wenn Peter nämlich weniger an seine Arbeit dachte und mehr an seine Ehe, stieg eine tiefe Unzufriedenheit in seinem Herzen auf.

Seit langer Zeit war er mit seiner chronisch kranken Frau nicht mehr glücklich. Wirkliche emotionale Nähe gab es nicht, ein Sexualleben fand schon seit Jahren nicht mehr statt, nicht einmal Umarmungen. Die Frage, ob er seine Frau noch liebe, konnte Peter für sich nicht beantworten. Dem Schuldgefühl aber, das er verspürte, wenn er nur daran dachte, sie zu verlassen, fühlte er sich nicht gewachsen – ein schlimmes Dilemma. Stattdessen organisierte er also weiterhin tapfer »schöne Ausflüge« für die Wochenenden und wunderte sich, warum er sie nicht genießen konnte.

Genuss ist kein oberflächlicher Zuckerguss, den man über die Probleme des Lebens schütten kann, um sie nicht mehr zu schmecken. Wo uns Bitterkeit den Genuss vergällt, müssen wir uns wohl oder übel zunächst einmal mutig dieser Bitterkeit stellen und ins Handeln kommen. Peter wird sein Leben – und schöne Ausflüge – wieder genießen können, wenn er sich traut, seinen Gefühlen und Sehnsüchten ehrlich und

mutig zu folgen und seine Ehe zu verändern oder zu beenden.
Wenn Kirschkerne im Kuchen sind, hilft es nichts, nach dem schmerzhaften Draufbeißen jedes Mal süß zu lächeln und sie zu schlucken. Das ist kein Genuss, sondern Selbstverleugnung. Zuerst müssen die Kerne raus – auch, wenn das die Bäckerin vielleicht in Verlegenheit bringt.

Und so hat die Eintrittskarte zum Genuss manchmal ihren Preis: Fehler riskieren, Erwartungen anderer enttäuschen, Veränderungen angehen.
Dann entsteht ein Freiraum im Herzen, und genau in diesen Freiraum hinein erblüht deine Fähigkeit, das, was du tust, auch zu genießen.
Nicht vergessen: Das Glück liegt im Genuss!
Und jetzt her mit dem Kuchen!

SPÜRE DEINE LUST

Sexuelle Energie ist eine universelle Kraft, die alles, was lebt, durchströmt. Der libanesische Dichter Khalil Gibran schreibt: »Eure Kinder sind nicht eure Kinder. Sie sind die Söhne und Töchter der Sehnsucht des Lebens nach sich selber.«

Diese »Sehnsucht des Lebens nach sich selber« ist eine mächtige Quelle von Lebenslust. Sie führt uns quasi zurück zu unseren Wurzeln – und gleichzeitig zieht sie uns weiter, treibt uns an. Im Laufe des Lebens verändert sich unsere sexuelle Energie viele Male, sie vermag sich auszudifferenzieren, lauter oder leiser zu werden, hitziger oder sanfter. Wir können Männer oder Frauen begehren, kurze oder lange Zeiten alleine sein, Sexualität mit einem anderen Menschen oder alleine erleben. Niemals jedoch sind wir asexuelle Wesen.

Mein Tanz-Improvisations-Lehrer Julyen Hamilton aus England erzählte in einem Workshop einst Folgendes: Wenn eine Elefantenkuh spürt, dass sie sterben wird, geht sie zum Wasser, um ein letztes Mal zu trinken. Dann passiert es oft, dass ihr ein junger Bulle folgt, um sich dort mit ihr zu paaren. Das ist seine Art, die Elefantenkuh aus dem Leben zu geleiten.

Bei uns Menschen passiert leider oft etwas anderes: Etliche Frauen über 40 klinken sich völlig aus ihrer Sexualität aus. Sie verlieren die Lust – und suchen sie auch gar nicht mehr. Statt ihren sich verändernden sexuellen Bedürfnissen achtsam zu lauschen, geben sie sie resigniert auf. Das ist in meinen Augen ein schwerer Fehler. **Unsere Sexualität ist ein Schatz von Lebensenergie. In unserer Lust wohnt immer auch Lebenslust** – und gerade in schweren Zeiten ist es fatal, sich von dieser Quelle abzuschneiden.

DEINE SINNLICHKEIT FÖRDERN

Die Lust ist ein wärmendes Feuer, und sie braucht – wie jedes Feuer – Fürsorge und Pflege. Wir müssen Holz hacken und nachlegen, Papier und Anzünder besorgen, in die Glut blasen und sie nähren, damit sie lebendig bleibt. Für Menschen, die nicht in einer festen Partnerschaft leben, ist es immer eine Herausforderung, ihrer Lust trotzdem Raum zu geben. Alles, was den Kontakt zur eigenen Sinnlichkeit fördert, kann der richtige Weg sein. Du kannst einen Tag in der Therme genießen, dir eine Massage gönnen. Du kannst tanzen gehen, deine Freundinnen und Freunde umarmen, dir ein neues

Kleid oder eine gut sitzende Jeans kaufen. Du kannst jemandem auf der Straße ein Kompliment für sein oder ihr Parfum machen, Blumen verschenken und jemanden zum Erdbeerkuchen einladen. Was immer es sei: Es wird dich in Kontakt mit deiner Sinnlichkeit und Lebensfreude bringen. Und was die Selbstbefriedigung betrifft, möchte ich hier Woody Allen zitieren: »Masturbation ist Liebe machen mit einem Menschen, der mir sehr, sehr nahesteht!«

Für alle, die in einer langjährigen festen Partnerschaft leben, sind die Herausforderungen rund um den Erhalt des Lustfeuers ganz anderer Art. Sie haben zwar einen Menschen, mit dem sie ihre Sexualität praktizieren könnten, klagen aber oft über ein Versiegen der Lust. Auch hier ist Kreativität gefragt: Wie steht es mit Kuscheln und Knutschen? Allein dabei schüttet der Körper eine Vielzahl glücklich machender Hormone aus. Das »Bindungshormon« Oxytocin zum Beispiel macht uns zufriedener, ausgeglichener und wohlwollender. Hautkontakt ist ein tiefes menschliches Grundbedürfnis. Säuglinge, denen Hautkontakt verweigert wird, *sterben*. Trag Sorge für deinen »Skin hunger« und such Körperkontakt zu deinen Liebsten – auch wenn sich daraus keine weitergehende sexuelle Begegnung ergibt.

Um das konkrete Sexleben zu stimulieren, bietet sich heute eine Vielzahl von Möglichkeiten, die frühere Generationen noch gar nicht kannten. Eine Freundin von mir, 60 Jahre alt und seit über 30 Jahren verheiratet, vertraute mir neulich an, dass sie mit ihrem Mann neuerdings zu Tantra-Workshops fährt. Als sie davon berichtet, funkeln ihre Augen hell wie Sterne. »So guten Sex wie zurzeit hatten wir noch nie!«, flüstert sie. Fantastisch, oder? Beim Tantra geht es viel darum, den Sex aus einer »funktionalen« Sichtweise zu befreien und sich einer ergebnisoffeneren Sinnlichkeit zu öffnen – was eine radikale Entschleunigung der körperlich-seelisch-geistigen Begegnung mit sich bringt. Das tut vor allem Menschen, deren Lust von Leistungsgedanken erstickt ist, sehr gut, weil es sie ermuntert, ihr sexuelles Tun überhaupt wieder mit allen Sinnen genießen zu können.

Auch wenn dir der Besuch eines Swingerclubs, via Internet arrangierte erotische Begegnungen, esoterisch anmutende Tantra-Seminare oder der Gebrauch von Handschellen beim Sex zunächst befremdlich erscheinen mögen – du kannst sie zumindest als Optionen im Blick haben. Wichtig ist, dass *du* die Verantwortung für den Erhalt *deiner* Lust übernimmst. Gesteh dir ruhig zu, auch Dinge auszuprobieren, von denen du dann feststellst, dass sie dir *nicht* liegen!

Ich kenne ein Paar Anfang 30, das sich nach dem probeweisen Besuch eines Swingerclubs noch vor dem Gebäude wutentbrannt angeschrien und (zum ersten Mal in ihrer Beziehung!) sogar geohrfeigt hat vor Eifersucht! Dann haben beide geweint und später gelacht – und die Swingerclub-Idee verworfen. Trotzdem hat dieses Experiment ihre Beziehung bereichert und lebendig gemacht.

TREU SEIN – DIR SELBST GEGENÜBER!

Alle Menschen in festen Beziehungen, die ihre Lust bis ins hohe Alter wachhalten und spüren wollen, sind früher oder später mit der gleichen Frage konfrontiert: **Was passiert mit meinem erotischen Begehren für *andere* Männer und Frauen?**

Welche Antwort für dich und deine Beziehung stimmig ist, musst du mit deinem Partner bzw. deiner Partnerin gemeinsam besprechen und herausfinden. Je transparenter die von euch getroffenen Übereinkünfte sind, desto größer sind die Überlebenschancen eurer Beziehung. Seid euch bewusst: Einfache Antworten gibt es nicht. Auch dann nicht, wenn ihr einander unbedingte Treue schwört, um jede Verletzung zu vermeiden. Denn dann bedeutet das, dass ihr euer Leben lang rigoros jeden sexuellen Impuls, der sich nach außen richtet, unterdrücken müsst, ohne jeglichen Spielraum. Bei nicht wenigen langjährigen Ehepaaren führt das zu großer Verbitterung.

Andere Paare, die sich Treue geschworen haben, praktizieren außereheliche Sexualität nur in allergrößter Heimlichkeit. Man belügt sich gezwungenermaßen gegenseitig und fühlt sich dabei schuldig und gemein. Hinzu kommt, dass die Ehe überhaupt keine Entwicklungschancen bekommt, wenn einer der beiden seine sexuellen Energien und Bedürfnisse stattdessen kommentarlos »abzieht« und in eine andere Beziehung investiert.

Manche Menschen (vor allem Männer) machen sich vor, wenn sie ständig wechselnde Sexualpartner(innen) neben der Partnerschaft haben, sei das ja ganz »unemotional« und in dem Sinne kein »Betrug«. Dabei unterschätzen sie die Macht des Eros jedoch enorm. Jede sexuelle Begegnung hinterlässt Spuren in unserer Seele – vor allem dann, wenn es eine schöne und erfüllende Begegnung war.

Um das Lügen und Hintergehen zu vermeiden, gestehen sich andere Paare von vornherein gegenseitig gewisse Spielräume und Freiheiten zu. Manche nennen das neuerdings »Polyamorie«. Aber ach, auch das ist nicht einfach! Möchtest du davon erfahren, wenn dein Partner bzw. deine Partnerin mit jemand anderem schläft? Wie viel möchtest du davon wissen? Wie wird es dir damit gehen? Wie gesagt: Einfache Antworten gibt es nicht! Was sich heute für dich richtig anfühlen mag, fühlt sich vielleicht morgen schon falsch an.

Dennoch lohnt sich die Diskussion um die Treue unbedingt. Wir halten damit unser Bewusstsein für die Lust wach. Wir wertschätzen und respektieren, dass wir unser Leben lang sexuell aktive Wesen bleiben – und es auch bleiben wollen!

EROTISCH LEBEN

» Versuche, sooft es dir einfällt, die Welt »erotisch« wahrzunehmen!

» Was zieht deinen Blick auf sich? Was gefällt dir? Was erregt dich?

» Pflege deine erotischen Wahrnehmungen und Fantasien, schreib sie möglichst auf. Sie sind ein wertvoller, einzigartiger Bestandteil deiner Sexualität.

» Wenn du in einer Beziehung lebst, kannst du deine erotischen Fantasien auch mit deinem Partner oder deiner Partnerin teilen. Diese Offenheit kann sehr anregend wirken!

» Wenn du über Monate oder gar Jahre kein erotisches Begehren mehr fühlst, dann mach dich auf die Suche danach, was diesen wunderbaren Strom von Lebensenergie in dir »verstopft«, was ihn zum Versiegen gebracht hat. Erobere dir deine Lust zurück! Sie gehört dir ganz alleine und ist ein großer Schatz!

»GOTT SELBST HAT UNS

DIE FÄHIGKEIT ZUR LUST GESCHENKT!

WIE KÖNNTE ER WOLLEN,

DASS WIR SIE VERKÜMMERN LASSEN?«

VOM ZAUBER DER FREUNDLICHKEIT

Vor einiger Zeit erschien in der »Brigitte Woman« ein Leitartikel von Till Raether, der mein Leben ein kleines bisschen revolutionierte: »Vom Zauber der Freundlichkeit«. Mir wurde bei der Lektüre schlagartig klar, was für eine wirkmächtige Magie im aktiven Praktizieren von Freundlichkeit liegt.

Raether schreibt: »Freundlichkeit ist eine innere Revolution. Sie bringt nicht nur den Alltag zum Leuchten, sondern sie erhebt einen auch über das miese, mickrige Prinzip, nach dem unser Leben und unsere Gesellschaftsform viel zu oft organisiert sind: immer der Erste sein, das meiste haben, clever sein, misstrauisch, keine Schwäche zeigen.« Dann fährt er fort: Freundlichkeit »überzieht die Welt für Momente mit einem magischen Glanz, und plötzlich, egal, ob wir jemandem einen Sitz angeboten haben oder ob wir uns endlich setzen können, weil jemand aufgestanden ist, bekommt das Leben eine fast kindliche Leichtigkeit. Freundlichkeit ist wie eine gelebte Utopie im Alltag, sie zeigt uns, dass es eine Art zu leben jenseits von Ellenbogen und Konkurrenzkampf gibt.«

Raether unterscheidet zwischen freundlichen, neutralen und destruktiven Interaktionen. Tatsächlich ist nachweisbar, dass Beziehungen, in denen die Partner/-innen überwiegend freundlich aufeinander reagieren, als glücklicher erlebt werden und länger halten. Es ist die Summe unserer tausend täglichen kleinen Interaktionen,

die auf lange Sicht darüber entscheidet, wie glücklich wir miteinander sind, so Raether. Und es reicht eben nicht, meistens »neutral« auf andere zu reagieren.
Gestern hat mein Teenager-Sohn sein Zimmer aufgeräumt. Meist sage ich nur neutral: »Wurde ja auch Zeit.« Manchmal nörgele ich auch herum: »Du musst aber auch mal die klebrigen Ringe vom Schreibtisch wischen.« Diesmal habe ich einfach gesagt: »Wow, das sieht wirklich toll aus!« Da hat er ganz stolz gelächelt.

RANDOM ACTS OF KINDNESS

Warum praktizieren wir nicht viel öfter Freundlichkeit in all unseren Alltagsbegegnungen? »Random Acts of Kindness« nennt man das auf Englisch, quasi wahllos verteilte kleine Freundlichkeiten. Es ist so leicht. Jemanden in der Warteschlange vorlassen. Der einsamen Tante Erika am Telefon ein Viertelstündchen in Ruhe zuhören und ihr zum Schluss noch einmal versichern, dass man sich sehr gefreut hat über ihren Anruf.

Wenn du dich einmal bewusst darauf einstellst, aktiv freundlich statt neutral oder destruktiv zu kommunizieren, werden so viele kleine Alltagssituationen plötzlich lustig und leicht. Einmal rief ich an der Supermarktkasse: »Ach, so teuer! Kann man das noch herunterhandeln?!« Der Kassierer kicherte amüsiert und riss auch mit den Kunden nach mir noch Witzchen. So zieht Freundlichkeit ihre Kreise wie das berühmte Steinchen, das man ins Wasser wirft. Neulich lächelte mich auf meiner Walking-Runde durch den Park ein entgegenkommender Jogger strahlend an. Sofort musste ich auch lächeln – und gab es an die mir entgegenkommende Hundebesitzerin weiter. Wen mag sie danach angesteckt haben mit guter Laune?

Mein Vater pflegt im Restaurant manchmal augenzwinkernd zum Kellner zu sagen: »Das haben Sie aber gut gekocht!« Und sogleich macht auch dem Kellner seine Arbeit mehr Spaß und er behandelt die anderen Gäste ebenfalls charmant und freundlich.

Einmal lief mir ein junges Pärchen nach, als ich gerade vom Geldautomaten kam. Ich hatte die Scheine in der Eile nicht herausgezogen und mitgenommen. Das Pärchen drückte sie mir lächelnd in die Hand. Ich war sprachlos.

Auch ich neige im Alltag viel zu oft zur Ungeduld, versuche, mich schnell noch vorzudrängeln, weil ich denke, ich hätte es eiliger. Aber wie groß ist der Unterschied, wenn ich mich anders verhalte.

Noch einmal an der Supermarktkasse: vor mir eine schwerbehinderte Frau, die nur mit viel Mühe die Einkäufe in ihrem Rollstuhl verstauen kann. Die Kassiererin wirft mir einen entschuldigenden Blick zu, dann steht sie auf und hilft der Frau kurz, indem sie die eingescannten Waren gleich in einen Beutel packt. Ich nicke lächelnd. Als ich an der Reihe bin, sagt die Kassiererin: »Das ist schön, dass es auch mal solche freundlichen Kundinnen wie Sie gibt. Viele andere wären jetzt böse geworden, wenn es länger dauert, weil ich der Frau noch helfe. Aber Sie waren so entspannt!« Da schäme ich mich fast beim Gedanken an die vielen anderen Male, wo ich selbst ungeduldig und grantig an der Kasse stand. Und ich gehe ganz leichten Herzens von dannen.

Freundlichkeit und Mitgefühl liegen nah beieinander. Sie öffnen unser Herz für die Welt. Sie machen uns berührbar und gleichzeitig gelassen und stark. Im Buddhismus gelten Freundlichkeit und Mitgefühl als zwei der vier »heilsamen Haltungen« oder auch »himmlischen Gefühle«. Diese vier Haltungen sind: Freundlichkeit/Liebe, Mitgefühl, Freude/Mitfreude und Gleichmut/heitere Gelassenheit. Die vier »himmlischen Gefühle« gelten allen Buddhisten und Buddhistinnen als Ausdruck tiefer Weisheit des Herzens und Wegweiser zu einem ethisch richtigen Leben.

Auch Jesus hat nicht gepredigt: »Selig sind die Durchsetzungsfähigen.« Sondern: »Selig sind die Sanftmütigen.« Diese Worte öffnen den Blick auf eine im Alltag lebbare Utopie. Wenn wir freundlich und mitfühlend miteinander umgehen, gehört uns ein Stückchen vom Himmelreich nämlich schon jetzt. Und zwar keineswegs, weil wir uns so altruistisch für andere »aufopfern«. Sondern weil es uns selbst guttut, freundlich zu sein. **Zahlreiche psychologische Studien belegen, dass das eigene Verhalten einen wesentlich nachhaltigeren Einfluss auf dein Wohlbefinden hat als das Verhalten von anderen. Wenn andere freundlich zu dir sind, ist das zwar schön, aber du vergisst es auch schnell. Bist du selbst aber freundlich zu anderen, fühlst du dich nachhaltig besser.**
Ein Sprichwort sagt:

»Die Welt ist kein Fenster,
die Welt ist ein Spiegel.«

Wir sehen immer uns selbst darin. Sind wir selbst ungeduldig und missgünstig, habgierig und unachtsam, sehen wir genau das permanent in der Welt. Wir »müssen« uns dann ständig über unsere Mitmenschen ärgern, werden übervorteilt, übersehen, böswillig behandelt. Wenn wir aber einen gütigen, sanftmütigen, freundlichen Blick auf die Welt werfen, werden wir allerorten auf Ermutigendes stoßen. Und das brauchen wir, denn die Welt ist eben sowohl hell als auch dunkel. Also tun wir gut daran, selbst etwas Helligkeit im Herzen zu tragen. Dieses Licht kann Freundlichkeit heißen. Ja, es ist fragil. Aber was soll's. Wir können es jeden Tag neu anzünden. Und manchmal bekommen wir es geschenkt: An einem 23. Dezember fuhr ich bei Nieselregen mit dem Bus durch einen grauen Hamburger Vorort. An einer Haltestelle stieg eine Gruppe von Männern und Frauen ein, die von ihrer Arbeit in der dortigen Werkstatt für Behinderte kamen. Ihr vergnügtes Geplauder veränderte sofort die Atmosphäre im ganzen

Bus. Als sie, wenige Haltestellen später, wieder ausstiegen, breitete einer der Männer an der Tür die Arme aus, strahlte uns alle an und rief laut: »Ich wünsche Ihnen allen ein frohes Fest!« Was für ein kraftvoller Segen der Freundlichkeit.

FREUNDLICHKEIT IM ALLTAG

» Beobachte einen ganzen Tag lang deine Interaktionen: Sind sie freundlich, neutral oder destruktiv?

» Übe dich am nächsten Tag bewusst darin, freundlich zu anderen zu sein. Schau hin, wo du hilfsbereit und mitfühlend handeln kannst statt ungeduldig oder passiv abwartend.

» Lass ganz bewusst jemanden vor, wenn du in einer Schlange wartest, sei es im Supermarkt oder im Stau.

- Unterhalte dich mit einem alten Menschen, wenn du die Gelegenheit hast. Bedanke dich hinterher für das Gespräch.
- Lächle von Zeit zu Zeit jemanden an.
- Nimm bewusst wahr, wie sich deine Wahrnehmung von der Welt verändert, wenn du ihr mitfühlend und freundlich begegnest.

»Den Himmel erlangen oder verlieren wir nicht durch dramatische Taten, sondern durch die einfachen Handlungen des täglichen Lebens.«

Alan Cohen

KONTAKT ZU TIEREN PFLEGEN

Tiere können unsere wahren Meister darin sein, im Hier und Jetzt zu leben. Sie tun mühelos das, was viele von uns überhaupt nicht mehr können: ganz und gar im Augenblick präsent sein. Ihr gesamtes Denken und Fühlen ist HIER und JETZT. Sie hadern weder gedanklich mit der Vergangenheit, noch haben sie Angst vor dem Kommenden. Sie sind einfach DA.

Sie rekeln sich träge in der Sonne. Sie wittern etwas Interessantes und stürmen los. Sie sind in Kuschellaune und reiben ihr Köpfchen in deiner Hand. Das macht den Kontakt mit Tieren für uns Menschen so heilsam – gerade in schwierigen Zeiten, wo *wir* uns von Grübeleien schier »auffressen« lassen.

Anne besucht, wenn es ihr seelisch nicht gut geht, ein Pferd. Immer dasselbe Pferd, das auf einer Weide unweit ihres Wohnhauses grast. Sie stellt sich einfach an den Zaun und betrachtet das Pferd. Oft kommt es dann auch angelaufen und lässt sich streicheln. Eine tiefe Ruhe spürt Anne in diesen Augenblicken. Als würde die innere Ausgeglichenheit des Tieres auf sie übergehen.

Das erleben viele Menschen so im Kontakt mit Tieren. Sie haben das Gefühl, sie könnten ihren Geist mit dem des Tieres verschmelzen. Tatsächlich sind viele Tiere auch höchst empathiebegabt. Sie erspüren unsere Gefühle ganz unmittelbar. Schon öfter habe ich gesehen, wie Hunde sanft ihren Kopf auf das Knie ihres Herrchens oder Frauchens gelegt haben und dieses mitfühlend beäugten. Auch Katzen können sich in dieser Weise verhalten.

Kurz nach meinem Universitätsexamen hütete ich für zwei Wochen die Katze meiner Schwester. Telse war ein sehr scheues Tier, das normalerweise unsichtbar blieb, wenn Fremde in der Wohnung waren. Die ersten Abende bekam ich die Katze überhaupt nicht zu Gesicht, wenn ich zum Füttern herüberkam. Eines Tages entdeckte ich im Wohnzimmer eine CD, die ich mochte, und setzte mich ein wenig auf das Sofa, um sie mir anzuhören. Während ich dort alleine der Musik lauschte, wurde mir die extreme Anspannung bewusst, unter der ich in den zurückliegenden Examensmonaten gestanden hatte. Ich spürte meine totale Erschöpfung, mein Ausgelaugtsein, meine seelische Vereinsamung.

Tränen begannen mir über das Gesicht zu

laufen. Da betrat Telse lautlos den Raum. Sie sprang auf einen Korbsessel mir direkt gegenüber, setzte sich aufrecht hin und blickte mich an. Ganz ruhig und aufmerksam sah sie mir zu, wie ich weinte, eine ganze Weile. Als ich mich ein wenig beruhigt hatte, verließ sie ihren Platz und kam zu mir aufs Sofa, um sich auf meinem Schoß einzurollen. In dem Moment, als ich meine Hände in ihr weiches Fell grub, fühlte ich mich ungeheuer getröstet. Mir wurde klar, dass auch die Katze sich einsam gefühlt haben musste all die Tage in der leeren Wohnung. Man könnte sagen: Das hätte auch keine Therapeutin besser gekonnt. Telse hat meinen Schmerz mit mir angesehen und ausgehalten, ohne irgendetwas bewerten oder wegreden zu wollen. Sie hat ihr schlichtes Mitgefühl zum Ausdruck gebracht. Ohne ein einziges Wort hat sie mir dadurch echten Trost geschenkt.

Eine finnische Kollegin von mir postete einmal auf Facebook folgenden Satz:

»Wenn die Kinder im Teenager-Alter sind, ist es besonders wichtig, dass man einen Hund hat. Dann freut sich wenigstens EINER, wenn man nach Hause kommt!«
Die überschäumende und bedingungslose Liebe und Anhänglichkeit eines Hundes kann so wohltuend sein! Ein Wesen um dich zu haben, das dir jeden Tag seine ungebremste Zuneigung zeigt – ein fantastischer Luxus!

Gerade für Menschen, die keine eigenen Kinder haben, können Tiere wunderbare Begleiter und »Lebensgefährten« sein. Ein kinderloses Paar aus meinem Freundeskreis lebt in einem großen Haus mit vier Hunden, um die sich die beiden rührend kümmern. Wenn einer der Hunde stirbt, nehmen sie nach einer Weile einen neuen auf, meist aus dem Tierheim, einmal sogar einen ehemaligen Straßenhund, den sie extra in Spanien abgeholt haben. Die Verbundenheit mit den Tieren tut auch der Beziehung des Paares gut. Sie sorgen sich gemeinsam um die Hunde und erleben gleichsam viele Momente des Glücks, gerade in der Eingewöhnungsphase, wenn ein neuer Hund langsam zu ihnen Vertrauen fasst.

Sich um andere Wesen zu kümmern scheint ein menschliches Grundbedürfnis zu sein.

Alte Menschen, die sich noch »gebraucht« fühlen, sind wesentlich glücklicher und zufriedener als solche, die den Eindruck haben, der Welt nur noch zur Last zu fallen. Und wer nun mal keine Enkelschar hat, der oder die kann auch mit einer Katzenschar glücklich werden! Warum nicht?

Ein Sprichwort sagt:
»Am Ende seines Lebens
bereut man vor allem die Dinge,
die man NICHT getan hat!«
Trau dich doch lieber!

MEHR VERWEGENHEIT RISKIEREN

In unserem täglichen Streben nach Selbstoptimierung und Ressourcensicherung vergessen wir viel zu oft, dass die herrlichste Lebenslust dort auf uns wartet, wo wir kein bisschen vernünftig, angepasst und zielorientiert handeln.

Heute im Park schleppt ein ganz kleines Mädchen mit stolzer Miene einen riesigen Stock heran. Seine Oma nickt anerkennend und meint: »Na, du bist ja verwegen!« Dieses ungewöhnliche Kompliment – zumal für ein kleines *Mädchen* – macht mich lächeln. Keine 100 Meter weiter sitzen auf einer Bank zwei junge, offenbar muslimische Frauen mit Kopftuch. Alleine. Sie blicken sich um und kichern – ein bisschen triumphierend, und ja, verwegen kommen sie sich wohl auch vor. Richtig ansteckend ist dieses Lachen, dieser Hauch von Übermut, dieses Austesten und Genießen der eigenen Stärke.

MUT ZUM ABENTEUER

Draufgängerisch, kühn, Risiken eingehend, gewagt, all das bedeutet »verwegen«. Es kommt vom mittelhochdeutschen Verb »sich verwegen«, was »sich entschließen« bedeutet. Wer nicht zaudert, sondern sich entschließt, ein Risiko einzugehen, der wird dafür belohnt mit Herzklopfen, leuchtenden Augen und einem gehörigen Adrenalinschub. Wer etwas Verwegenes tun will, muss dafür Ängste überwinden, Grenzen überschreiten. Ohne männlichen Begleitschutz auf dieser Bank zu sitzen, das ist für die zwei

jungen Frauen mit Kopftuch sicher keine Selbstverständlichkeit. Vielleicht riskieren sie sogar Ärger mit ihren Familien, wenn sie so gesehen werden. Aber fest steht: Sie haben großen Spaß bei ihrem kleinen Abenteuer!
Je älter wir werden, desto mehr neigen die meisten von uns dazu, alles, was wir tun, vorher durchzuplanen und durchzukalkulieren. Wir verlassen nur noch in wetterfesten Outdoor-Jacken das Haus, da es ja regnen könnte, fahren »sicherheitshalber« mit dem Auto zur Party in die Stadt, obwohl wir dann nichts trinken können, und organisieren schon mal den Shuttle vom Flughafen ins Ferienhotel, damit wir auch ja nicht vom einheimischen Taxifahrer abgezockt werden. Was wir dadurch nicht mehr erleben: von einem Sommergewitter auf dem Fahrrad überrascht werden und schallend lachen beim Durchnässtwerden, auf einer Tanzparty trinken und flirten, bis die erste U-Bahn wieder fährt, und vom einheimischen Taxifahrer zu seiner Familie eingeladen werden.

Es ist nicht so, dass wir das alles nicht mehr *könnten.* Sondern **wir *entscheiden* uns ständig für Sicherheit statt Verwegenheit und beschneiden dadurch unseren Erlebnishorizont immer weiter, bis wir in Routinen so erstarrt sind, dass nichts Lebendiges mehr Platz darin hat.** Ich kenne ältere Menschen, die ab 19:00 Uhr grundsätzlich nicht mehr mit der Außenwelt kommunizieren können, weil sie dann vor dem Fernseher sitzen. 365 Tage im Jahr, nur Urlaubsreisen ausgenommen. Ihnen fällt gar nicht mehr auf, dass die Routine längst zum Zwang geworden ist.

Aber auch 20-jährige Pärchen buchen schon Pauschalreisen in europäische Großstädte, statt diese auf eigene Faust zu erkunden und sich auf Überraschungen und Abenteuer einzulassen. Und falls doch ein selbst organisierter Trip stattfindet, wird vorher jede Location akribisch gegoogelt und anhand von Gästebewertungen im Internet überprüft, ob sie einen Besuch überhaupt »wert« sei.

Dabei *können* wir natürlich auch anders! Letzten Samstag fuhr ich spontan ganz alleine zu einer privat organisierten, in einem Berliner Loft stattfindenden Party, von der ich nur zufällig über eine Facebook-Seite erfahren hatte. Es gab dort kleine Einführungen in verschiedene improvisierte Tanzstile, alles auf Englisch, und jede Menge spannende, ungewöhnliche, schöne und schräge Menschen. Ich tanzte viele Stunden, probierte alles mögliche Neue aus, führte lustige kleine Gespräche und ging spätnachts mit glühenden Wangen nach Hause. All dies hätte ich niemals erlebt, wäre ich nicht so verwegen gewesen, mich alleine an einen Ort zu begeben, der mir nur virtuell durch verschlungene soziale Netzwerke zu Gehör gekommen war. Verwegene Entscheidungen treffen wir meist spontan – auch wenn bis zu ihrer Umsetzung manchmal noch Zeit vergeht. Mein dänischer Kollege Jonas hat im Jahr seiner Verrentung zusammen mit seiner Frau und zwei anderen Paaren über 60 ein riesiges altes Gehöft in

Süd-Jütland gekauft. Dort werkeln sie nun gemeinsam kreativ, haben Kinder und Enkelkinder zu Besuch, genießen die Ruhe der Landschaft oder feiern große und kleine Feste. Ja, es war eine verwegene Entscheidung für die drei Paare, ihr gesamtes Vermögen zusammen einzusetzen, um dieses Gut zu kaufen. Sie sind dabei gehörige Risiken eingegangen. Aber ich habe nicht den Eindruck, dass Jonas, seine Frau oder einer der anderen es je bereut hätte. Manchmal befürchten wir, verwegene Aktionen könnten unser Leben in zu große Instabilität führen. Eine Klientin von mir äußerte einmal bedrückt: »Ich weiß nicht, also wenn ich wirklich *meinen* Impulsen folgen würde, gefährde ich dann nicht meine Ehe?«

Diese Angst erweist sich in der Realität oft als unbegründet.

Die verheiratete Maren, 44, Mutter von drei halbwüchsigen Kindern und Vollzeit an der Uni tätig, traf die verwegene Entscheidung, einen dreiwöchigen USA-Urlaub ohne ihre Familie zu planen. Sie freute sich sehr auf diese Reise, hatte aber auch Ängste, was diese Trennung von ihrem gewohnten Leben mit ihr machen würde. Und was passierte? Am Strand von Kalifornien dachte sie an ihren Mann, ihr Häuschen und ihre Kinder und fühlte sich von Liebe nur so durchströmt. Unter dem freien blauen Himmel Kaliforniens wurde ihr klar: Ich führe zu Hause genau das Leben, das ich liebe.

Wenn wir die ausgetretenen Pfade, oder besser gesagt die »Autobahnen«, des Lebens einmal mutig verlassen und uns seitwärts in die Büsche schlagen, treffen wir mit Sicherheit über kurz oder lang eines: uns selbst. Auch deshalb kostet Verwegenheit Mut. Nicht nur, weil wir um unsere Bequemlichkeit fürchten oder gar ernsthaft um Leib und Leben. Nein, auch weil wir uns unbewusst davor fürchten, anderswo plötzlich auf ein viel besseres Leben zu stoßen als das, das wir führen. Und was dann?!

Karla, 28, hatte vier Jahre lang sehnsüchtig auf einen Studienplatz in Medizin gewartet. Als sie ihn endlich hatte, stellte sie nach zwei Semestern fest, dass sie todunglücklich mit ihrem Leben war. Sie schmiss den Studienplatz sowie ihren Studentenjob hin, kratzte alle Ersparnisse zusammen und flog nach Australien, wo sie jetzt seit anderthalb Jahren auf einer Erdbeerfarm arbeitet. Ihren Statusmeldungen und Fotos auf Facebook nach scheint sie dort sehr glücklich zu sein.

Verwegenheit ist auch
die Bereitschaft, Fehler zu riskieren.
Auf geht's!
Machen wir Fehler, alte und neue!

» Versuche dich zu erinnern: Wann hast du dich das letzte Mal ein bisschen verwegen gefühlt? Was hast du da gemacht? Wie hast du dich hinterher gefühlt? Was hat die verwegene Aktion vielleicht in deinem Leben angestoßen?

» Welche verwegenen Aktionen hast du bei deinen Freundinnen oder Freunden schon bewundert? Bei welcher Gelegenheit warst du vielleicht ein bisschen neidisch, dass jemand aus deinem Umfeld sich etwas traut, was du dich damals nicht getraut hättest?

» Welche kleine Verwegenheit könntest du innerhalb eines Monats spaßeshalber einmal ausprobieren?

Oscar Wilde wird der Ausspruch zugeschrieben:

»ES IST GANZ LEICHT,
SICH WIEDER JUNG ZU FÜHLEN!
MAN MUSS EINFACH NUR NOCH EINMAL
DIE GLEICHEN FEHLER MACHEN
WIE DAMALS!«

DIE MACHT DES LACHENS

Wenn du eine intensive Kostprobe gesamtdeutscher Miesepetrigkeit erleben möchtest, steige morgens um halb acht in die S-Bahn eines beliebigen Berliner Randbezirkes. Das übellaunige Schweigen ist so fest, dass man Scheiben daraus schneiden könnte, garniert mit dem monotonen Gemecker des ein oder anderen Kolleginnen- Duetts.

Manchmal aber hat man auch einfach Glück – so wie ich vor einigen Tagen. Drei afrikanische Männer stiegen zu. Sofort füllten sie die drückende Stille mit ihren melodischen Stimmen. Das Wunderbarste an ihnen aber war – ihr Lachen. Einer erzählte mit schelmischem Lächeln etwas – die andern beiden begannen leise zu lachen. Schließlich steigerte sich ihr Kichern und Glucksen in ein Prusten, dass es eine Freude war. Unwillkürlich musste ich mitlachen – obwohl ich kein Wort verstand –, und vielen anderen im Waggon ging es genauso. Fröhlich lächelten wir uns zu. Als wir in Berlin ausstiegen, war ich überzeugt, mein Tag habe so gut begonnen, dass er auch nur super weitergehen könne. Was für ein Geschenk!

Lachen hat eine kaum zu kontrollierende Kraft. Es besitzt eine wundersame, ansteckende, befreiende Macht. Jede Diktatur entlarvt sich dadurch, dass sie Witze über ihre Herrscher verbietet, um das solidarische Lachen zu

unterdrücken. Gleichzeitig gedieh und gedeiht genau in diesen totalitären Systemen schon immer eine reiche Witze-Kultur im Untergrund. Alle, die in der DDR aufgewachsen sind, können heute noch Honneker- und VoPo-(Volkspolizist)-Witze erzählen!
Überhaupt lacht es sich ja immer am schönsten, wenn man es nicht darf.
In meiner Familie ist die Anekdote vom »Cornamusen-Quartett« zur Legende geworden: Beim weihnachtlichen Spätgottesdienst bekamen wir einst unverhofft ein Laien-Ensemble auf mittelalterlichen Holzblasinstrumenten zu Gehör. Diese sogenannten Cornamusen geben Laute von sich, die nicht sofort an Musik denken lassen, sondern eher an pupsende Wasserbüffel. Nach einer Minute faszinierten Lauschens nahm ich zu meiner Rechten kurze Schnarchgeräusche wahr. War mein ehrwürdiger Vater etwa eingeschlafen? Nein, er rang so sehr mit dem Lachen, dass ihm bereits haltlos die Tränen über die Wangen liefen. Neben ihm wand sich meine

ältere Schwester auf ihrem Stuhl, als erstickte sie gleich. Da war es auch um meine Fassung geschehen! Das war das Weihnachten, nach dem meine Mutter ihre Familie endgültig vom Pflichtbesuch des Spätgottesdienstes entband – wir waren ihr einfach zu peinlich!
Noch heute lachen wir manchmal über diese Geschichte. Dieses Lachen verbindet uns und schafft selbst 30 Jahre später immer wieder Momente von Gemeinschaft und Lebensfreude. Erinnerungen an Momente, in denen man gemeinsam gelacht hat, sind unbezahlbar. Sie sind es wert, gehütet und gepflegt zu werden!

Manchmal kann ein Moment des befreiten Auflachens den Tunnel öffnen vom dunklen Bedrücktsein ins Licht der Hoffnung:
Meine Klientin Annett rang in der Therapie seit Monaten mit der sehr schwierigen Vergangenheit mit ihrer Mutter. Diese war wenig empathisch, teilweise wirklich grausam und brutal zu ihren Kindern gewesen, und Annett hatte seit

Jahren kaum Kontakt zu ihr. Als sie sich in einer Therapiesitzung den Kopf darüber zerbrach, ob dieses oder jenes Vorgehen nun die Beziehung weiter verschlechtern würde, beugte ich mich irgendwann vor und sagte: »Sagen Sie mal, Annett, haben Sie denn in Bezug auf Ihre Mutter überhaupt noch *irgendetwas* zu verlieren?!« Da brach sie plötzlich in herzhaftes Gelächter aus. »Nee!«, schüttelte sie den Kopf. »Wirklich gar nichts!« Das Lachen verhalf Annett zu einem Moment des Loslassens, ja der Befreiung. Die Beziehung zu ihrer Mutter konnte gar nicht mehr schlechter werden – also konnte sie auch nichts mehr falsch machen. Es konnte sowieso nur besser werden.

Spannenderweise können wir gerade von Menschen, die mit schweren Belastungen leben, gelegentlich das Lachen wieder lernen. Eine Bekannte vertraute mir vor einiger Zeit an, dass sie seit fünf Jahren mit einem Hirntumor kämpft. Diese Nachricht musste ich erst mal verdauen. Als wir kurz darauf einmal zusammen unterwegs waren, hatte ich meine Wasserflasche vergessen, und sie bot mir ihre an. »Keine Sorge, ich hab nix Ansteckendes«, sagte sie munter, »nur Krebs!« Ich öffnete den Mund – und schloss ihn wieder. Dann gackerten wir wie zwei Teenager über den harten Spruch. Ich lernte: Auch sehr kranke Menschen können Leichtigkeit und Lebensfreude ausstrahlen, sie lachen sogar oftmals ausgesprochen gerne und genießen es sehr, wenn man mit ihnen fröhliche Momente teilt – trotz alledem.

Tatsächlich ist Lachen gesund. Es baut Verspannungen ab, fördert den Stoffwechsel, die Durchblutung des Gehirns und lockert viele wichtige Muskelgruppen. Nach einem herzhaften Lacher sind wir entspannter und können wieder besser denken – das ist sogar wissenschaftlich nachweisbar. Kopf und Herz werden dabei wie »durchgepustet«. Also bitte, das wäre doch gelacht!

··· ÜBUNG ···

DAS IST JA LACHHAFT!

Zehn simple Wege zum Gelächter

1. Schau dir öfter mal eine Komödie an statt dem hundertsten Melodrama.
2. Pflege mit deinen Liebsten Erinnerungen an lustige Dinge, die euch passiert sind.
3. Beschreibe Momente, in denen du spontan herzlich gelacht hast, in deinem Tagebuch oder in einem Brief an einen lieben Menschen.
4. Schule dein »Humor-Sensorium«, indem du möglichst oft versuchst, die verborgene Komik in Dingen wahrzunehmen.
5. Wenn du eine Postkarte siehst, die dich spontan zum Lachen bringt, kaufe sie sofort, egal, wie albern sie ist!
6. Häng dir solche witzigen Postkarten in deiner Wohnung/deinem Haus auf, zum Beispiel am Kühlschrank, am Badezimmerspiegel oder im Flur. Wechsle sie regelmäßig aus.

7. Tausche mit deinen Freundinnen und Lieblingskollegen lustige Cartoons per E-Mail aus.
8. Poste lustige Einträge in deinem Facebook-Account und abonniere Seiten, die perfekt deinen Humor treffen.
9. Lass dich auf den Humor von Kindern, Jugendlichen oder alten Menschen ein, indem du dir ihre Lieblingswitze erzählen lässt.
10. Achte mal darauf, wer die Menschen sind, mit denen zusammen du richtig gut lachen kannst – und pflege diese Kontakte mit besonderer Sorgfalt.

LEBENDIGE LIEBESBEZIEHUNGEN LEBEN

Die meisten Menschen wünschen es sich: über lange Zeit in einer glücklichen Beziehung leben. Liebe gestalten über die erste Verliebtheit hinaus. So interessiere ich mich seit vielen Jahren für das Geheimnis jener Beziehungen in meinem persönlichen und beruflichen Umfeld, die ich als glücklich bezeichnen würde.

Es sind diese (wenigen!) Paare, wo ich mit *beiden zusammen* gerne Zeit verbringe. Sie pflegen einen natürlichen Umgangston, wirken aufgeschlossen, lebendig und gelassen miteinander und mit anderen. Das ist das, was ich als *harmonisch* bezeichnen würde.

Wie bei zwei Musikinstrumenten bedeutet harmonisch nicht, dass immer nur zuckersüße Dur-Akkorde erklingen. Auch tieftraurige Moll-Stücke sind möglich, kurze Dissonanzen, dramatischere, schnelle Passagen. Aber das Klangbild bleibt klar und »vertrauenswürdig«. Auffällig scheint mir, wie aktiv und selbstverantwortlich diese Menschen ihre Beziehungen führen. Diese Paare haben nicht einfach nur »den Richtigen« oder »die Richtige« gefunden und setzen sich mit diesem »Besitz« zur Ruhe. Sondern sie *gestalten* ihre Liebe, wach und immer neu. Sie praktizieren Selbstfürsorge – und Beziehungsfürsorge. Sie laufen weder irgendwelchen abgeschmackten Pärchenidealen hinterher, noch vermüden sie jeden Abend auf dem Sofa nebeneinander. Sie erwarten weder, dass der andere alle ihre Bedürfnisse erfüllen kann, noch, dass es in einer Beziehung immer harmonisch ist. Allen diesen Paaren ist bewusst, dass Liebe fragil ist und es keine Garantien für ewiges Zusammensein gibt. Keines dieser Paare würde vollmundig verkünden: »Also *wir* würden uns ja *nie* trennen.« Im Gegenteil: Sie wissen, dass der andere ein Geschenk ist, das auch eines Tages gehen könnte. Deshalb sind sie wach und dankbar. Sie wissen: Eine Beziehung ist kein steinernes Haus. Sie ist ein lebendiges Pflänzchen, das mit Achtsamkeit und Liebe gepflegt sein will. Auch, wenn sie schon ein Baum geworden ist.

Der Dichter und Philosoph Khalil Gibran beschreibt eine ganz ähnliche Vision von der Liebe in »Der Prophet«:

Liebt einander, aber macht die Liebe
nicht zur Fessel:
Lasst sie eher ein wogendes Meer
zwischen den Ufern eurer Seelen sein.
Füllt einander den Becher, aber trinkt nicht
aus einem Becher.
Gebt einander von eurem Brot,
aber esst nicht vom selben Laib.
Singt und tanzt zusammen und seid fröhlich,
aber lasst jeden von euch
allein sein,
So wie die Saiten einer Laute allein sind
und doch von derselben Musik erzittern.
Gebt eure Herzen,
aber nicht in des anderen Obhut.
Denn nur die Hand des Lebens
kann eure Herzen umfassen.
Und steht zusammen, doch nicht zu nah:
Denn die Säulen des Tempels stehen für sich,
Und die Eiche und die Zypresse
wachsen nicht im Schatten der anderen.

Khalil Gibran

» **Offenheit:** Welche anderen Menschen spielen in eurer Beziehung/Familie eine Rolle? Mit wem pflegt ihr regelmäßig Kontakt, wer besucht euch, wer inspiriert euch und lässt euch teilhaben an seinem/ihrem Leben? Diese unkomplizierten gemeinsamen Außenkontakte sind wichtig! Sie bereichern euren Alltag und sorgen dafür, dass ihr nicht zum abgeschotteten symbiotischen System werdet.

» **Authentizität:** Traust du dich, dir selbst, deinem Partner und auch Freunden und Freundinnen gegenüber ehrlich zu sein auch über unbequeme Gefühle? Übe dich darin! Nur wenn *alle* Gefühle da sein dürfen, wirst du auch die wirklich schönen Momente spüren können. Sonst wird die Liebe wie mit Zuckerguss übergossen, atmet nicht mehr und erstarrt.

» **Eros:** Zeigt ihr euch noch gegenseitig, dass ihr euch »sexy« findet? Tut es! Hört nicht auf damit! Erotische Selbstbestätigung tut unendlich gut und verleiht eurer Beziehung Glanz und Prickeln. Wenn dein Partner/deine Partnerin das nächste Mal nackt aus der Dusche kommt, SCHAU HIN! Gib ein Zeichen: Ich genieße es, dich so zu sehen.

» **Autonomie:** Wann hast du das letzte Mal etwas Spannendes, Inspirierendes ohne deinen Partner unternommen? Überleg dir, was es sein könnte, und mach es diese Woche oder diesen Monat. Übe dich darin, deine eigene innere Welt zu pflegen, deine eigene Wahrnehmung, deine eigenen Gefühle zu spüren. Du wirst deinen Partner nur dann als spannenden Dialogpartner wahrnehmen können, wenn du auch eure Verschiedenheit wahrnehmen und aushalten kannst.

» **Gemeinsame Werte und Interessen:** Was für ein gemeinsames »Projekt« habt ihr beiden zurzeit? Gut, kleine Kinder sind für eine Weile ein ausfüllendes Projekt. Aber gibt es noch mehr? In welche Tätigkeiten oder Unternehmungen könnt ihr richtig abtauchen, was inspiriert euch gemeinsam, wo erlebt ihr Begeisterung und »Flow« zusammen? Pflegt das! Richtet euch regelmäßige Termine ein, wo ihr diese Dinge zusammen praktiziert.

» MAN LEBT NUR EINMAL.
ABER WENN DU ES RICHTIG MACHST,
DANN REICHT DAS AUCH! «

Mae West

FREUNDSCHAFTEN LEBEN UND GESTALTEN

Unsere Freundschaften sind unsere »Seelen-Versicherung« fürs Leben.

Machen wir uns nichts vor, jedem von uns kann alles passieren. Die Partnerin verlässt uns, die Firma wird insolvent, die Eltern sterben, wir bekommen eine schwere Krankheit. Gegen nichts davon können wir uns wirklich verwahren, es gibt keine Garantien für ein glückliches Leben.

Und doch können wir für solche Krisen Vorsorge treffen: Wir können unser Leben lang Energie, Zeit und Liebe in die Pflege unserer Freundschaften investieren.
Denn sie, unsere Freundinnen und Freunde, sind es, die uns nach der Scheidung die Umzugskisten schleppen, mit uns ein tröstendes Bierchen trinken gehen, uns beratend zur Seite stehen und solidarisch auf die Schulter klopfen, wenn unsere pubertierenden Kinder schlecht in der Schule werden. Unsere Freundinnen und Freunde werden es sein, die eines Tages mit uns am Grab unserer Ehepartner stehen.
Aber noch eine ganz andere Aufgabe erfüllen diese Weggefährten: Sie waschen uns den Kopf, wenn wir uns in eine Sache verrannt haben.
Die Meinung von Freundinnen und Freunden kann ein unschätzbares Korrektiv sein. Immer wieder entkommen Menschen nur deshalb aus destruktiven Beziehungen, Süchten oder Selbstüberschätzungen, weil jemand ehrlich zu

ihnen gesagt hat: Pass auf, du rennst gerade mit Volldampf in die falsche Richtung.
Während dies vielen jungen Menschen noch sehr bewusst ist und gerade junge Mädchen und Frauen ihre Freundschaften achtsam und intensiv pflegen, werfen nicht wenige dann mit Ende 20 bei Einsetzen der Familiengründungsphase ihre einstigen Gefährtinnen und Gefährten weg wie ausrangierte Möbelstücke. Verblendet von der Überzeugung, jetzt bei einem Menschen für immer das große »Lebensglück« gefunden zu haben, denken sie, sie brauchten nun niemanden sonst mehr. Das ist ein fataler Irrtum!

Du brauchst in jeder Lebensphase mehrere vertraute Menschen, mit denen du dich austauschen kannst, bei denen du dir Rat holen kannst und die dich im Gegenzug an ihrem Leben Anteil nehmen lassen.

Nur so kannst du einen offenen Blick für die Nöte, aber auch die Kompetenzen und die Lösungskreativität anderer Menschen behalten.

Dadurch bewahrst du dich vor einer Verengung des Blicks auf die heimische Sphäre, die letztlich in abhängig-symbiotisches Aneinanderklammern und nicht selten in großes Unglück führt. Eine der ersten Fragen, die ich Menschen in meiner Praxis stelle, die mit ihrer Beziehung unglücklich sind, ist: Mit wem reden Sie darüber *außer* mit dem Partner/der Partnerin? Mit wem tauschen Sie sich aus, wer berät Sie bei Liebeskummer, wer geht Kaffee trinken mit Ihnen, wenn Sie überfordert sind? Oft kommen meine Klienten/Klientinnen hier ins Grübeln, stellen bestürzt und traurig fest: Da ist gar niemand mehr. Früher, ja, da gab es sie, die guten Kumpels und besten Freundinnen. Aber nach fünf oder zehn oder 20 Jahren Beziehung? Wüste. Lass es nicht so weit kommen!

Der Nährboden, auf dem tragfähige Verbundenheit wächst, ist einerseits ein aufrichtiges Interesse am Gegenüber, seinem aktuellen Leben und Erleben, den Themen, die ihn beschäftigen. Und andererseits die Bereitschaft, von sich selbst auch »Unfertiges« mitzuteilen, den anderen einzuladen, sich ganz akute, ungelöste Fragen und Probleme anzuhören. Gar nicht förderlich für einen guten Kontakt ist es, den anderen immer nur als Gefäß für nörglerisches »Sich-Auskotzen« zu benutzen. Ebenfalls vergiftend auf das Klima wirkt, wenn du deine Mitmenschen stets zum Publikum für eine wohlfeile Selbstinszenierung deines »perfekten Lebens« machst. Stattdessen geht es darum, eine authentische Mitte zu finden, wo beide Freundinnen oder Freunde gleichermaßen Schönes wie Schwieriges miteinander teilen können. Wo man ebenso gut lachen wie weinen kann, wo Leichtes und Schweres Platz hat, man gleichermaßen über Biersorten und Kinderbücher sprechen kann wie über Tod, Verlust und Liebe. Oder was *dich* eben beschäftigt!

··· ÜBUNG ···

STÄRKE DEINE FREUNDSCHAFTEN

Täglich ein bisschen was tun

Du kannst jeden Tag etwas tun, um deine bestehenden Freundschaften zu aktivieren und zu pflegen. Und mit etwas Geduld können auch in jedem Lebensalter neue Freundschaften »nachwachsen«.

- Überlege dir fünf Menschen, an deren Freundschaft dir noch immer etwas liegt. Egal, wie weit weg diese Menschen wohnen oder wie lange du keinen Kontakt mehr zu ihnen hattest.

- Nimm zu allen fünf Kontakt auf. Schreib eine SMS, E-Mail oder Postkarte, ruf an, was immer dir passend erscheint.

- Wenn du keine Rückmeldung bekommst, hake so lange nach, bis es zu einem Telefongespräch oder einem Treffen kommt.

- Versuche jeden Tag eine Kleinigkeit zu tun, um eine dieser Freundschaften zu pflegen. Das kann eine SMS oder Facebook-Nachricht sein, ein Treffen, ein Gefallen, den du jemandem tust, oder nur ein Satz, den du einem langen Brief hinzufügst. Wenn du merkst, dass du deine Freundschaften mehrere Tage lang komplett aus dem Blick verloren hast, beginne einfach wieder damit.

- Bleib auch immer wach und offen für neue Freundschaften!

NEUES WAGEN!

In jedem Urlaub am Meer, an den ich zurückdenken kann, zog es mich zu den Surfer-Stränden. Ob in Holland oder Griechenland: Ich saß still am Ufer und schaute bewundernd zu, wie die Anfänger/-innen alle paar Minuten ins Wasser fielen und dann, mühsam auf dem Board das Gleichgewicht haltend, wieder und wieder ächzend ihre Segel aus dem Wasser zogen. Schließlich beobachtete ich ihr erstes sanftes, schwereloses Gleiten. Und dann die Profis, die bei Sturm über das Meer jagten wie freie, bunte Riesenvögel.

Trotzdem kam ich lange Jahre nie auf die Idee, das Windsurfen einfach mal selbst auszuprobieren. Da war diese teure Ausrüstung, die ich nicht besaß und mir bestimmt nie leisten könnte, sicher passte mein dicker Hintern gar nicht in einen solchen Neoprenanzug, und überhaupt war ich wahrscheinlich gar nicht robust und kräftig genug dafür.

Als ich all diese Bedenken kürzlich einem surfbegeisterten guten Freund schilderte, schüttelte er verblüfft den Kopf. Er führte mich in seinen Schuppen und ließ mich einen Neoprenanzug anprobieren. Und siehe da: Der Reißverschluss ging zu. Dann packte er mich und seine Ausrüstung ins Auto und fuhr mit mir zum Müggelsee, um mir im hüfttiefen Wasser eine Surfstunde zu geben. Tatsächlich, während der ersten 15 Minuten fiel ich ca. alle 30 Sekunden ins Wasser. Dabei stellte ich jedoch fest, dass das lange nicht so unangenehm ist, wie es von außen betrachtet wirkt. Der Neoprenanzug federt den Aufprall ab, wärmt und gibt

Auftrieb. Außerdem war nun mein Ehrgeiz geweckt. Beharrlich kletterte ich wie ein Stehaufmännchen wieder und wieder und wieder aufs Brett. Und siehe da: Nach anderthalb Stunden konnte ich auf dem Board stehen, das Segel halten und einige Meter weit fahren. Und ich war der glücklichste Mensch der Welt – aus jeder Pore strahlte meine Begeisterung. Ich konnte es kaum abwarten, das nächste Mal auf dem Brett zu stehen.

Menschen, die sich auf neue Erfahrungen einlassen, werden reich belohnt. Klar, man geht das Risiko ein, sich zu blamieren. Aber mal ehrlich: vor wem denn eigentlich? Sind die Fremden, die am Ufer entlangspazieren, wirklich wichtig für mich? Und all die anderen coolen Surferinnen und Surfer, die das viel besser können, haben selbst mal angefangen und wissen ganz genau, wie das war. Ihr Mitgefühl ist mir sicher.

Und genauso ist es in anderen Lebensbereichen in der Regel auch.

In Wirklichkeit haben wir oft die größte Angst davor, uns vor uns selbst zu blamieren, projizieren diese bewertende, strenge Instanz in uns aber nach außen auf die anderen. Diese vorweggenommene Scham vor vermeintlicher Blamage ist ein mächtiger Lebensfreude-Killer. Wir hindern uns damit daran, uns neuen Erfahrungen, Erlebnissen und Inspirationen auszusetzen. Aber mit jeder neuen Erfahrung, auf die wir uns einlassen, wächst unser Lebensgarten um eine neue Pflanze – und um eine mögliche Quelle von bisher unbekannter Lebensfreude.

Auch wenn Dinge nicht funktionieren, bereichert das unseren Erfahrungsschatz. Meine Kollegin Greta ging zum Beispiel zu einer Probestunde bei einer Feldenkrais-Lehrerin, die ihr wegen ihrer Rückenschmerzen wärmstens empfohlen worden war. Da Greta etwas übergewichtig ist, kostete dieser Schritt in einen Bewegungskurs sie einige Überwindung. Hinterher meinte sie kichernd, das sei überhaupt nichts für sie. Sie habe sich bei den extrem langsamen Bewegungen zu Tode gelangweilt und sogar angefangen zu frieren. Interessant für Greta war aber, dass sie in ihrer inneren Unruhe während des Kurses ein Gefühl dafür bekam, worauf sie wirklich Lust hat, nämlich auf schnellere und fetzigere Bewegungen.

Als Nächstes probierte sie es mit einem Salsa-Kurs – und dort tanzt sie jetzt jede Woche fröhlich herum. Gegen die Rückenschmerzen hilft es auch.

Greta hat sich zugestanden, einfach mal nach dem »Trial and Error«-Prinzip vorzugehen: Versuch und Irrtum. Feldenkrais hat nicht funktioniert, also gut, dann was anderes ausprobieren. Diese Art der »Fehlertoleranz« fällt gerade uns Deutschen ja extrem schwer. Wir wollen am liebsten alles immer nur richtig machen, jeder Weg soll zum Ziel führen, einen Abend im falschen Kurs empfinden wir als Zeitverschwendung. Quatsch! Der Abend im »falschen« Kurs hat Greta auf die richtige Fährte gelockt. Er hat sie gelehrt, was für eine

Art von Bewegung sie eigentlich vermisst, wonach sie sich sehnt. Greta wollte nichts, was sich nach sanftem »Gesundheitssport« anfühlt – sondern tanzen und Lebensfreude spüren!
Leider wird uns die innere Fehlertoleranz – und somit die natürliche Neugier auf neue Erfahrungen – in der Schule oft von klein auf gründlich ausgetrieben. Neues wagen kann aber nur, wer sich durch mögliches Scheitern nicht von massivem Selbstwertverlust bedroht fühlt.
Da hilft es immer wieder, sich zu sagen: »Gott sei Dank bin ich erwachsen!« Niemand anders kann dich mehr bewerten! Und es interessiert auch keinen, ob du in deiner ersten Surfstunde 50 oder 100 Mal ins Wasser fällst oder wie dein Hinterteil dabei aussieht. Das Einzige, was zählt, ist dein persönlicher Erfolg: Du hast dich an etwas Neues herangewagt. Und *das* ist Lebensfreude pur!

WARUM DEN GLEICHEN FEHLER

ZWEI MAL MACHEN?

ES GIBT DOCH NOCH SO VIELE NEUE

AUSZUPROBIEREN!

Danke!

NACHWEIS

Umschlag vorne: Shutterstock ; S. 2: SunCity/ Photocase; S. 6/7: like.eis.in.the.sunshine/ Photocase; S. 30/31: Dubova/ Shutterstock; S. 45: inkje/ Photocase; S. 76/77: dreidreieins fotografie/ Photocase; S. 101: lama-photography/ Photocase; S. 110/111: m.o. ruehle/ Photocase; S. 126: Bernd Vonau/ Photocase; Autorenfoto Umschlagklappe hinten: Michael Lüder

QUELLENNACHWEIS

S. 73: Alan Cohen; Inspiriert durch das wunderbare Buch von Mike Medaglia (2015); *One Year Wiser. 365 Illustrated Meditations*, London: Self Made Hero, übersetzt von Heike Mayer
S. 105: aus Khalil Gibran (1996): *Der Prophet*, Düsseldorf: Walter;

In manchen Fällen ist es leider nicht gelungen, die ursprüngliche Fundstelle des Zitats ausfindig zu machen. Der Verlag bittet gegebenenfalls um eine Nachricht, damit bei einer Nachauflage eine korrekte Quellenangabe erfolgen kann.

JETZT IST DIE BESTE ZEIT FÜR VERÄNDERUNG

ISBN 978-3-95803-149-4

ISBN 978-3-95803-150-0

ISBN 978-3-95803-151-7

ISBN 978-3-95803-179-1

ISBN 978-3-95803-180-7

www.scorpio-verlag.de